AF548420

Edith Kistler

DEINE LIEBE IN MEINEM RÜCKEN

Lyrik

SPRACH:BILDER, Band 13

Edith Kistler
DEINE LIEBE IN MEINEM RÜCKEN
Lyrik
SPRACH:BILDER, Band 13

Herausgegeben von: Verlag am Rande

A-4621 Sipbachzell
T: 0043 664 7503 7100

office@verlag-am-rande.at
www.verlag-am-rande.at

ISBN: 978-3-903190-30-6

1. Auflage Juli 2020
Layout: Joachim Grübler, www.jographic.at
Druck: Totem, www.totem.com.pl/de
Autorenfoto: privat
Covergestaltung: Wolfgang Maxlmoser (Aquarell auf Karton)

Edith Kistler

DEINE LIEBE IN MEINEM RÜCKEN

Lyrik

SPRACH:BILDER, Band 13

Verlag am Rande

Für Josef,

der mir Heimat war
und dem ich Heimat sein durfte

Inhalt

du
stärkst
meine
zuversicht
trotz allem
mein leben
zu
leben
und
dich
zu
lieben

herzverbunden

mauer um mauer zerbricht
schale um schale fällt ab
träne um träne fließt

tiefe entsteht
kern treibt aus
leben geht auf

ich stoße an meine grenzen
grenze mich ab
bleibe in mir
halte mich aus

kraft bricht auf
sprengt die grenzen

weitet den blick

wie ein tier
krabbeln

feuer im fell
spüren

einen weg
suchen

kraft von innen
drängt zur entpuppung
zum licht

wurzeln suchen
wunden finden
kaktusblüten treiben

farbe kommt auf
im lebensfluss

der weg ist das ziel

dein bild
deine augen
deine hände

mein schmerz
meine tränen
meine kälte

dein bild
sitzt

wie ein splitter
in meinem herz

schwarz – weiß
heiß – kalt
kain – abel
nein – ja

jein

ich liebe die
zwischentöne
zwischenfarben

aber

ohne schwarz kein weiß
ohne licht kein schatten

ich will
mein recht
auf leben

ich nehme mir
mein recht
auf leben

ich habe
ein recht
auf leben

auf mein leben!

lasst mich leben!

ich lasse mich leben!

ich lebe mich!

jetzt erst recht

leben
trotz
aller widrigkeiten

freude
über das
trotzdem

neugier
auf
morgen

einsamkeit

ein
same
keimt

mitten
im leben
im lärm
im getöse

und doch

hinter glas
in der zelle
im ei

ganz
tief
drinnen

bei mir

völlig unerwartet
kamst du
in mein leben

nicht wie
blitz und donner

nein

wie ein lauer sommerwind
ein leiser frühlingsregen
lang ersehnte sonnenstrahlen

das ließ mich
aufhorchen
vorsichtig
meine fühler ausstrecken
frisches grün treiben

siehe da

ich kann
wurzeln schlagen
halt finden
wachsen
an dir

es war einmal
ein märchenprinz am weißen schimmel
ein frosch zum küssen
ein gefährlicher böser wolf

wohl eher

an einem herbstabend traf ich
prinz und frosch und wolf in einem
kunterbunt und leuchtend
nebelgrau und menschenecht

und

wir lebten lange vergnügt zusammen

du gehst mir
unter die haut

pass auf
dass ich
nicht platze

der funke ist
übergesprungen

meine haut brennt
mein kopf leuchtet

pass auf
dass ich
nicht verglühe

mein körper
schreit
nach dir

trotzdem
ist es still

hörst du die
spannung?

ich verliere mich
in deinen augen
in deinem mund
unter deinen händen
in dir

wo finde ich mich wieder?

10 uhr
schliersee
an-kommen
da-sein
los-lassen

punkt.

ich und du
mal hier
mal dort

du und ich
mal laut
mal leise

ich und du
auf und ab

du und ich
hin und her

ich – gestern
du – heute
wir – morgen?

wenn du
sprachlos
bist

sprechen
deine augen
deine hände

spricht
dein schweigen

meine augen
versinken
in deinen

hängen
an deinen Lippen

streicheln
deinen körper

mein herz
schlägt
im hals

dein mund
sagt
ich gehe

und ich
sehe
wieder klar

ich lasse
mich
fallen

und

fange
mich
in dir

wohin
fällst
du?

ein kloß im hals
du im bauch
ich im kopf

wo ist das herz?

trotz allem
gerade deshalb
auch wenn
obwohl eigentlich

immer wieder
für mich
für dich
für uns

lebe ich

heimkommen

braune augen
warme hände
weiche haut

deine liebe
lässt
mich
frei

und

bindet
mich
doch
an dich

du
stärkst
meine
zuversicht

trotz allem

mein
leben
zu leben

und

dich
zu
lieben

man sagt
liebe und leid
gehören zusammen

und möchte
mich damit warnen

wer sagt
dass ich
angst
davor habe?

glaub nicht
dass ich
keine zweifel
mehr hätte

aber

glaub
dass wir
ihnen
gemeinsam
begegnen

nicht nur
ich
bin
aufgebrochen
zu dir

nein

auch
in mir
ist
etwas
aufgebrochen
durch
dich

abgründe
tun sich auf

ich
habe
angst
vor
dem sprung

hilft es
wenn ich
springe?

ich hasse
dieses
etwas
das dich
so weit treibt

sollte ich
es
vielleicht
lieben?

deine liebe
nimmt mir die luft
engt mich ein
macht mich klein

deine liebe
wirft mich zurück
lässt mich kalt
macht mir angst

meine liebe
trotzdem

meine liebe
nimmt dir die luft
engt dich ein
macht dich klein

meine liebe
wirft dich zurück
lässt dich kalt
macht dir angst

deine liebe
trotzdem

mit dir
bin ich frau

durch dich
bin ich schön

für dich
bin ich begehrenswert

wegen dir
bin ich stark

geht das
auch
ohne dich?

ich
zerfließe
in deiner
liebe

unter deinen
händen
finde
ich
mich
wieder

sonne auf dem gesicht
sand unter den füßen
wind auf der haut

klänge in den ohren
musik in den beinen
farben in den augen

deine wärme in mir
dein lachen um mich
deine liebe

balsam für die seele

am ende
kein konjunktiv

kein
würde
hätte
könnte
sollte

kein
vielleicht
ich weiß nicht
eventuell

am ende
kein plan

am ende
die erste

fassungslos

harmlos
sorglos
ahnungslos

wirkungslos
schonungslos
sprachlos

kraftlos
trostlos
chancenlos

hoffnungslos
fassungslos
aussichtslos

los-lassen

außen wie innen
offen und wund

lautloser schrei
steckt fest
und schnürt zu

hofft auf befreiung

kopf
im nebel

hirn
ein brei

herz
im himmel

füße
am boden

hände
im nichts

stacheln ausfahren
und einigeln

zunge spitzen
und zustechen

ventil öffnen
und dampf ablassen

schleusen auftun
und laufen lassen

am liebsten schreien:
lasst mich einfach in ruhe!

gefangen
in meinen ängsten
und vorurteilen

umgeben
von gitterstäben
aus tränen und wut

ringe ich
nach luft

greife ich
ins leere

und falle
ins bodenlose

deine krankheit
zwingt dich zu boden

deine schmerzen
bringen dich an die grenze

dein leiden
droht dich zu zerbrechen

am boden angekommen
kurz vor dem bruch
taucht sie auf
aus dem nichts

deine stärke
deine größe
deine kraft

mitten
im schmerz

mitten
in der schwere

mitten
in der verzweiflung

ein lichtstrahl
ein hoffnungsschimmer

dein strahlen
dein lachen
deine liebe

hier
heute
jetzt

statt

nie wieder
alles vorbei
niemals mehr

augenblick
gegenwart
wimpernschlag

statt

hoffnungslosigkeit
verzweiflung
resignation

am ende
kein konjunktiv

kein
würde
hätte
könnte
sollte

kein
vielleicht
ich weiß nicht
eventuell

am ende
kein plan

am ende
die ernte

liebe geht durch den magen
heißt es

bei uns
ging sie

durch
den rücken
die füße
die augen

mitten
ins herz

trotz
der kürze
der zeit

hatten
wir
unendlich
viel davon

am anfang
die hochzeit
das fest
unserer liebe

dazwischen
das ringen
um uns

am ende
die **hoch**-zeit
unserer liebe
bedingungslos

weißt du noch ...

über die hörndl
die 7 im casino
elisabeth und r

la buse
hotel californ
drehorgel

weißt du ...

du fehl

bist du jetzt ge-himmelt?

wir
schaffen
das

hast
du
gesagt

und
jetzt?

linker fuß
hoch
vor
und
abstellen

rechter fuß
hoch
vor
und
abstellen

linker fuß
hoch
vor
...

aufstehen?
waschen?
anziehen?
einkaufen?
kochen?
essen?

aufstehen!
waschen!
anziehen!
einkaufen!
kochen!
essen!

tür zu
fenster zu
decke über
den kopf

schaltet
die sonne aus
haltet
die erde an

dreht
das licht ab
macht
die türen
und
fenster zu

haltet
das leben an

manchmal
ist der
unterschied
zwischen
aufstehen
und
liegenbleiben

eine haaresbreite

am ende bleiben
ein häufchen asche

und

ein häufchen elend

weißt du noch ...

über die hörndl
die 7 im casino
elisabeth und rainer

la buse
hotel california
drehorgel

weißt du ...

du fehlst

du fehlst
an allen
ecken und enden

und doch

finde ich
dich
in allen
winkeln und seiten

zwischen
dichtern
und
denkern
in
frieden
ruhn

sie sagen
ich bin
tapfer
und
stark

und

übersehen
die flut
die ich
damit
zurückhalte

nie im leben!

vielleicht im sterben?

wir haben
den bund
fürs leben
geschlossen

für dein leben
oder
für mein leben?

in der
tiefe
gibt
es
einen
faden
der
ewig
hält

erschreckend
tief

erschreckend
schwarz

erschreckend
groß

das
loch

unglaublich
weit

unglaublich
lang

unglaublich
kräftezehrend

der
weg

lichtjahre
entfernt

und

doch
ganz nah

sitzt

der
schmerz

tief
drinnen

sie kommt
unangemeldet

schleicht sich
von hinten an

überfällt mich
ohne anzuklopfen

macht sich breit
und
füllt mich aus

und dann
fließen
die tränen

hinter
allem tun
lauern
die tränen
und
warten
auf
ihren
moment

allzeit
bereit

manchmal
ist meine haut
eierschalendünn
und
ich fürchte
zu zerbrechen

manchmal
ist der boden unter meinen füßen
eisglatt
und
ich fürchte
auszurutschen

manchmal
ist die luft um mich
himalajaleer
und
ich fürchte
zu ersticken

manchmal
ist mein brustkorb
luftballonprall
und
ich fürchte
zu zerplatzen

manchmal
ist mein körper
fatamorganagleich
und
ich fürchte
mich aufzulösen

dann
brauche ich
zwei Arme
die mich
halten

wie schnell
sie verschwinden
in ihren häusern und wohnungen
hinter ihren türen und fassaden

wie rasch
sie versinken
in ihrem alltag ihrem leben
ihren großen und kleinen sorgen

wie schnell
sie vergessen
dein leiden und sterben
meine trauer und mein alleinsein

wie rasch
ich erwarte
dass sie an mich denken
und für mich da sind

am liebsten
ist es ihnen
wenn ich funktioniere
wie immer

am liebsten
ist es ihnen
wenn ich lache und scherze
wie immer

am liebsten
ist es ihnen
wenn ich so tue als wäre alles
wie immer

am liebsten
würde ich
auf
und
davon

engelsgleich
umgeben sie mich

engelsgleich
tragen sie mich

engelsgleich
helfen sie mir ins leben

ohne flügel
ohne heiligenschein

mit zwei händen
mit zwei füßen

und
einem großen herzen

ich
steige
wie
phönix
aus deiner
asche

breite
meine
flügel
aus

und

lasse
dich
frei

flieg!

deine liebe
im rücken
lässt mich

weitergehen
weiterleben
weitermachen

deine liebe
im rücken
lässt mich

wieder gla
wieder ho
wieder l

wie geht das?

vielleicht
ist
dein
tod
meine
chance

schritt
für
schritt

gehe
ich
weiter

weg von dir
von uns

und

komme
bei
mir
an

manchmal
ist da
eine ahnung

wie es
sein könnte
das leben
ohne dich

es könnte
wieder
gut
werden

deine liebe
im rücken
lässt mich

weitergehen
weiterleben
weitermachen

deine liebe
im rücken
lässt mich

wieder glauben
wieder hoffen
wieder lieben

nebel
im kopf
und
im hirn

blei
in den beinen
und
armen

chaos
im außen
und
innen

dunkel
bei nacht
und
bei tag

hände
so weich
und
so zart

und
ich bin
wieder da

zum abschuss
freigegeben

für jedermann
zu haben

greift nur zu
tut euch keinen zwang an

aber

rechnet nicht damit
dass ich
mich erlegen lasse

festhalten das seil
vor dem
absprung

die hand
vor dem
abschied

den traum
vor dem
erwachen

die erinnerung
vor der
realität

sitzen und schauen
sitzen und schauen
sitzen und schauen

gedanken vorbeiziehen lassen
gedanken vorbeiziehen
gedanken

gedanke
gedank
gedan

geda
ged
ge

g
.

morgenstille
breitet sich aus
in mir

bereit

für
die fülle
des tages

abendstille

gesättigt
erfüllt
voller Dank

manchmal ist mein leben
kinderleicht

dann
singe und tanze
ich

dann
springe und hüpfe
ich

und

frage nicht
nach
morgen

erdverbunden
lichtdurchflutet
himmelwärts

herzgestärkt

zwischen
alt
und
neu

gestern
und
morgen

nicht mehr
und
noch nicht

du
und
ich

hier
heute
jetzt

noch einmal

vertraute wege
gehen

bekannte gesichter
sehen

alte gedanken
denken

dann
umdrehen

nach vorne
schauen

aufbrechen
ins ungewisse

neugierig
und erwartungsvoll

herzenswünschen
flügel geben

Edith Kistler

Geboren und aufgewachsen im schönen Salzkammergut, lebt Edith Kistler seit über 20 Jahren in der Nähe von München. Sie ist Montessori-Pädagogin und Heilpraktikerin für Psychotherapie.

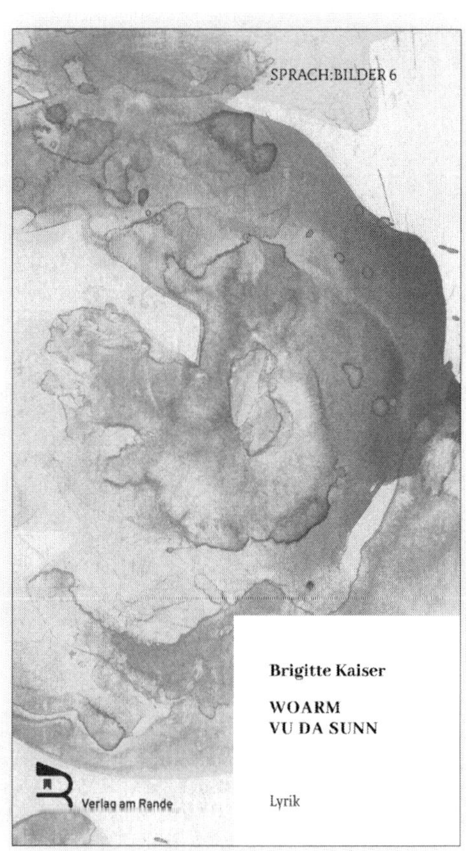
SPRACH:BILDER 6
Brigitte Kaiser
WOARM
VU DA SUNN
Lyrik
Verlag am Rande

Brigitte Kaiser
woarm vu da sunn

Lyrik

SPRACH:BILDER, Band 6

"
waun des lebm
so in de joahre kummt
schaut ma mehr
in se söwa eini

de liab
de ma gspiat
warmt imma nu
owa öfta gfriat ma
weu 's gaunz sche
schwa sei kau

dass' ned fia imma is
woaß ma a
mehr wia fria
und übalegt se
wås woi bleibt
vo dem lebm
"